JN440816

초록빛 그리움

초록빛 그리움

권상기 시집

오늘의문학사

국립중앙도서관 출판시도서목록(CIP)

초록빛 그리움 : 권상기 시집 / 지은이: 권상기. -- 대전 :
오늘의문학사, 2014
p. ; cm. -- (문학사랑 시인선 ; 27)

ISBN 978-89-5669-590-7 03810 : ₩10000

한국 현대시[韓國 現代詩]

811.7-KDC5
895.715-DDC21 CIP2014001017

◆ 시인의 말 ◆

망설이는 동안 시간은 가고 왔습니다.

첫 시집 '조약돌' 두 번째 시집 '침묵으로 남는 소리'를 내고 평생 몸 담았던 교직을 마무리하면서 세 번째 시집 '초록빛 그리움'을 세상 밖으로 내 보냅니다. 바람에 부러진 감나무 가지에 새순이 돋듯이 살면서 힘든 사람에게 또 다른 생명으로 새로운 그리움의 노래가 되길 바랍니다.

2014년 이월에

●●● 차례

PART 1 생명의 무늬

일상의 기쁨

PART

손끝의 풍경

PART 3

PART 4 시간의 징검다리

1부

생명의 무늬

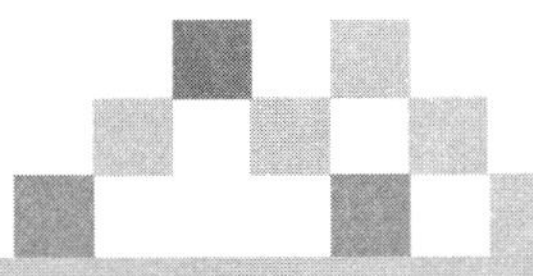

| 초록빛 그리움 / 생명의 무늬 |

길路

사람들이 만나
서로 사랑하고 사는 일은
강처럼
산처럼
끝없이 인내하고
더 아름답고
더 사랑하기 위해
서로 조금씩 간격을 두는 연습이 아닐까요
오고 가는 길에
마음 한구석 소중히 묻어두었던
씨앗 하나
싹 틔워
강처럼
산처럼
사랑하는 일이
빛이 되는가요.

生命을 위한 그리움의 序曲

광활한 우주의
문을 열어봅니다
생명이 있는 모든 것이
숨죽여 바라보며
축복의 박수를 보낼 때
초록빛 그리움이여,
얼마만큼 걷고 걸어야
당신을 만날 수 있습니까
생명의 무늬가 내는
처음의 소리를 생각하며
당신이 잉태한
산고에 대하여
함께 기도하겠습니다
당신이 빛으로 언약하면
우리들의 별들은
모든 어둠을 끄고
저마다 꽃 초롱 하나씩 들고 나와
당신을 맞이합니다
무엇이 귀하고
무엇을 사랑해야 하는지

당신의 심장 소리는 알 것입니다
늘 침묵으로 기도하는 당신의 뜻으로
당신 모르게 또 다른 문을 열어 봅니다.

그리운 사람은 늘 멀리 있습니다

누가 알겠습니까
그리운 사람은 늘 멀리 있다는 당신의 말을
살면서 만나고 헤어지는 억겁의 시간 속에서
당신과 내가 그 어떤 생명이 되어 만나게 될는지
당신과 내가 그 어떤 생명도 아닌 것이 되어
우주의 공간에서 만나게 될는지
아니면 당신과 내가 좋아하는 나무와 풀이 되어
새벽에 내리는 이슬로 만나게 될는지
수많은 아름다운 언어가 있다 해도
우리의 인연을 무엇으로 표현할 수 있을까요
살아오면서 맺어진 인연이 내 인생에서 큰 힘이 되었습니다
기쁘다 보니 나도 모르게 가로누워 눈물을 참았습니다
그리운 사람은 늘 멀리 있다 보니
이슬이 되고 바람이 되었나 봅니다
살다 보니 어느새 날이 저물었습니다
전생에 우리가 이름이 없듯이
따뜻한 눈빛 울타리가
꽃도 피우고 강물도 되니
윤회의 아픔이 이슬, 바람이 되었는지는 모르지만

서로 그리워하며 살겠습니다
그리운 사람은 늘 멀리 있어서 더더욱 그립습니다.

손님

기쁜 소식을 기대하면서
반가운 손님을 기다려 봅니다
겨우내 듣고 들었던 소리의 파편들을
가슴으로 삭히고 삭혔더니
침묵의 나무마다 또 다른 우주의 무게로
이야기 주인공이 됩니다
풀과 나무는
사람의 손짓이 아니어도
반가운 손님을 맞이합니다
온몸으로 와 닿는 우레처럼
두 손을 모아
나를 맞이합니다.

고향 언저리

어머니의 옷자락 끝은
늘,
돌담 사이에 비집고 나오는
초록빛 풀 한 포기
언제나 그 언저리에는
내 유년의 꿈이
산 까치 울음소리로 남아 있고
무엇이나 나직이 불러도
산 그림자 되는 가족들
세월은 굴뚝새 울음을
듣지 못하고
고목 된 감나무 가지엔
언제나 아침으로만 살아갔던
새순들의 흔적들
골목마다 햇살에 부딪히는
유년의 낙서들이
고향 언저리 유채색으로
물들어가고 있다.

길목에서

참 좋은 사람과 산길을 걸었습니다
살아온 길처럼
오르고 내리막길이 반복되었지만
더 좋은 바람이 평평한 길에서
더 많은 사랑으로 기다리고 있었습니다
늘 혼자 있는 나무가
나보고
같이 있는 좋은 사람에게도
사랑합니다
사랑합니다
봄이 오는 길목에서
속삭여 줍니다
내가 좋아하는 사람도
나무가 하는 말
들었겠지요

존재

빛이 어둠을 만든다면
어둠은 빛 안에 존재하는 것일까
빛과 어둠 사이 수 없이 존재하는
언어의 틈을 가로질러
듣고 싶은 음성을 향하여
믿음보다 더 힘이 있는 상상을 해 본다
아직은 볼 수 있고
소리의 떨림을 알 수 있으니
내가 말하고 싶은 만큼
강둑을 쌓고 싶다
먼 날
내가 싸놓은 강둑 높이만큼
강물이 내 언어를 감싸 안는다면
빛, 어둠이 존재하는
강물은
수많은 생명의 소리를
무엇으로 들을까

아그배나무꽃

멀리서 보고 싶은 사람이 걸어옵니다
어떤 옷을 입었을까
무슨 소리일까
어떤 냄새가 날까
소리 없이 왔다가 갑니다
가까이서 보고 싶은 사람이 걸어옵니다
어떤 모습일까
나는 알아볼까
기다리지 않아도 왔다가 갑니다
가까이서 어머니 음성이 들려옵니다
"사는 거 별거 아니다."
"되는 대로 살아라."
아그배나무 꽃처럼 피어납니다
기다리지 않아도 언제나 내 곁에 있는 여인처럼
4월이 되면
아그배나무 꽃은
사랑하는 사람을 위해 백옥 같은 수의를 만듭니다.

곡선

어떤 사랑을 주었기에
나도 모르고 너도 모르는
연둣빛 실핏줄 그리움을
계절의 줄기 끝으로 몰고 와
순간순간 곡선의 의미를 묻는가
현실과 타협을 못 하는
자연의 계율이
또 다른 계절 앞에서 서성거리고
생명을 잇는 곡선의 의미를 찾다가
단호한 계절의 사랑 앞에 서 있다.

순천만에서

그곳에 가보면
이름이 있는 것과
없는 것을 구분할 수가 없네
그곳에 가보면
당신의 눈으로
볼 수 없는 것이 있네
그곳에 가보면
살아있음에 숙연해지고
제 몸조차 없는 갯벌이
어떤 사랑을 주면서
무엇을 그리워하는지
수많은 생명이
어떻게 잉태하고
회귀(回歸)하는지
우리의 욕망이
어느 곳으로 가고 있는지 알 수 있네
가득하고
아득하고
어지럽고
네 것과 내 것으로

풀리지 않는 말들을
그곳에 가보면
질편한 갯벌의 목숨만큼
모든 것을 용서하니
시작과 끝이 없는
또 다른 그리움이 된다.

꽃을 보면서

꽃에도
비밀이 있을까
온통 천사로만
꽃을 피우고
하늘에 있다던
천사는 보지 못하고
꽃들에 가려진 잎들이
피고 지는 그 순간까지
땅으로 향하는 향기
어떤 말일까
듣고 싶다.

개망초꽃 · 1

6월을 뒤로하던 날
문득 당신을 보았습니다.
언제나 미루나무 꼭대기에 있는
우리들의 유년의 그림자가
가고
오는
들길마다 무더기무더기
그리움으로 피었습니다.
당신에게 말할 수 없는
은밀한 꿈들을 어루만지며
당신의 영혼이 기도 하는 소리를
듣고 싶습니다.
기억에서 멀어져간 이름을 불러봅니다.

개망초꽃 · 2

우리 맨손으로
당신을 기다리다가
끝내 만나지 못하면
바람만 등지고
달빛에 빛나는
개망초꽃 한 다발
가슴에 안고
둑길을 가다 보면
문득,
낯선 가슴 하나가
지나온 세월을 곁눈질하고
빛진 마음만 오래도록
당신을 기다립니다.

나이테꽃

또 다른 그리움이 빗장을 풀면
또 다른 바람이 햇살을 몰고 와
사랑이 되는가 봅니다
당신을 그리워하는 언어들이
꽃나무에 새긴 나이테처럼
당신 주위를 맴돌다가
가슴에 쌓이는
시간의 햇살은
꽃으로 피는가 봅니다.

나팔꽃

늘 아침처럼
당신을 향한 그리움이
어디서 왔다가
어디로 가는지는 모르지만
바람에 꽃잎은 날려도
당신을 향한 이 그리움
하늘보다 높아
오르고
오르다
어지러워
당신 손을 잡아봅니다.

참빗살나무

당신 몰래
눈빛을 주면
가을 햇살
눈빛 따라
새색시 되고

당신 몰래
마음 주면
벅찬 가슴
바람 되어
당신을 향하여
달려갑니다.

가지마다
빗살마다
그리움 되어
꿈이 됩니다.
밤마다
당신의 목걸이
되고 싶은데

족두리풀

서운산* 기슭에서
눈빛으로 말하고
가슴으로만 느낄 수 있는
잊었던 조선의 여인
그리운 사람을 만났습니다.
얼마만큼 그리워해야
서로 상처 주지 않는
빛깔로 남아
자주 옷고름 입에 문
당신의 얼굴이 될까요

* 서운산은 경기도 안성에 있음

달맞이꽃

멀리서
내가 당신을 부르는 소리
당신에게 들리지 않지만
오늘도
아우내 장터 가로질러
보탑사* 가는 길마다
달빛 모아
그리움 전하는 달맞이꽃들이
강물이 흐르는 길만큼
여름 산그늘에 부딪히는 어둠처럼
당신을 그리워하다가
달빛 몰래 지는 몇 개의 꽃들이
연어떼처럼
강물을 거슬러 올라갑니다.

* 보탑사 : 충청북도 진천읍 연곡리에 있는 사찰

꿈

독립기념관 등지고
북쪽으로 가다 보면
두 눈을 감을수록
되살아나는 길에
감자 꽃, 쇠뜨기 풀, 독사 풀, 이런저런
풀, 꽃들 이름이 되살아난다.
글쎄
만나는 얼굴 그도 나도
꽃으로도
풀잎으로도
꾸지 못하는 꿈

나무들처럼 살고 싶다

문득
나무들처럼 살고 싶을 때가 있다
눈을 감고 보면
내가 살아 있음이
눈이 부시다
남은 목숨 나무들처럼
우주의 공간에서
보고 싶은 모습만 보면서
눈을 뜨고 싶다
언제나 손님처럼
보고 싶은 모습만 보여 주는
나무들처럼 살고 싶다
나무들이 사는 모습을 보면
"허 허 허……"웃을 때가 있다
내가 사는 모습도 '허 허 허……'가 되고 싶다.

2부

일상의 기쁨

| 초록빛 그리움 / 일상의 기쁨 |

궁남지에서

궁남지에 가면
연꽃 뒤에 숨은 사랑이
찾아오는 사람들에게
한 아름씩 그리움을 줍니다.
언뜻언뜻 보이는
새 생명의 흔적들은
강과 산이 되어
만나는 사람마다
어머니의 탯줄이 됩니다.
이렇게 저렇게 인연을 맺어
제 얼굴 한 번 보지 못하고
말로는 다할 수 없는
당신 이름은
연꽃 사랑으로 가득합니다.

이름 없는 풀꽃은 없습니다

흑성산 그 언저리
풀잎에 맨살을 스쳐
핏줄이 붉어져
풀꽃들이 피어납니다.
이름으로
살다가
내 몫만큼
차례대로
묻혀
또 다른 풀꽃으로
불러주길 기다립니다.

無雲寺 가는 길

산은 산이 있어야 할 자리가 있고
물은 물이 흘러가는 길이 있다
당신과 내가
無雲寺* 가는 길 몰라서
물소리,
바람 소리에 묻고 있는가
걷고 걸어도
끝, 끝으로만 달아나는
부처님 말씀들이
뒤돌아보는
당신
내 길에서
이름 없는 들꽃
강바닥에 지쳐 누워있는
작은 돌멩이들이
無雲寺 가기도 전에
般若心經을 讀經한다.

* 無雲寺 : 천안시 북면 사담리에 있는 작은 사찰

흔적

하나라도 더 갖고 싶은
내 나무를 보면서
겨울바람은
내 나무에
더 오랜 시간 머물고
가슴으로 살아온 흔적 남기려 하지만
용서만 해주는
어머니의 음성 듣지 못하고
살면서 잘못한 것
너무 많아서
내 나무엔 나이테가 없습니다.

나무 곁에 있으면

나무 곁에 있으면
사는 것도
잠시 잊고
꿈이 내가 되는지
꿈이 현몽하는지
낯선 대화들 틈으로
강물이 흐릅니다.
어두운 곳에서는
더욱 자신을 다스리고
때가 되면 버릴 줄도 알면서
칭찬받지 못한 나를
늘 기다려 줍니다.

겨울 들녘을 걸어보면

아직,
소금기 밴 작업복이
마르기도 전에
겨울 들녘에선
잠시 만났던 사랑들이
작별의 인사도 없이
제자리를 비워주고,
또 다른 사랑들이
엉키고 엉켜져
온종일 함박눈이 되어 내려도
목구멍 끝에 와 닿는
뜨거운 피 한 방울
꽃잎으로 떨어지니
눈물이야,
한낱 바람이고
흙에 묻혀 있는 사랑일 뿐
우리는 어떤 말로
사랑을 노래할 것인가
잠시,
겨울 들녘을 걸어보면

벌써 빈
자리마다
새 생명은 만나서
내가 들을 수 없는
언어로 노래하고
모두가 설레임에
잠을 이루지 못하는구나

유모차

오후, 초등학교 운동장에
빈 유모차를 끌고 있는
어머니 같은 노인이 있다
노인이 유모차를 끌고 있는 것인지
유모차가 노인을 끌고 가는 것인지
원심력 같은 삶의 무게
아침 신문에 "인생 2막, 꿈꿔라. 준비하라 저질러라."는 기사가
오늘 따라 다초점 안경에 선명하게 보인다.
노동의 축복
1987년 6월 10일 최루탄에 맞선 대학생들
2011년 6월 10일 반값 등록금 요구 동맹 휴업 대학생들
어느 쪽도 아닌 저녁노을이
살아있는 사람들에게 얼굴을 붉히고 있다.

빈 유모차가 언덕을 오르고 있다.

땅끝에서

해남 땅끝에서
김지하 시인은
풀씨의 영혼을
풀씨 이름으로 불렀는데
나는 이곳에서
무엇을 노래할 것인가
해풍에
고해하는
대숲의 소리
다시는
살아 돌아오지 않는데
숨차게 달려온
가슴을 밀치며
아침 바다 한가운데에
서 보면
그리움으로 살아갈 시간에
거친 숨결을 달래고 있다.

은행나무

한 그루 나뭇잎이
온 가을을 덮었다.
육신의 울음소리
이제는 뒤로하고
늦가을
이슬,
바람,
겨울을 재촉하는
작은 빗방울에도
저 혼자
자지러지고 있구나

부추꽃

너도 꽃이니
작은 눈물도
보고 또 보면
말 못하는 가슴앓이
말하면 무엇하니
살아서 꽃피면
꽃이지

걱정

아침 햇살을 보면서
하루를 걱정하는 욕심
생각은
늘 수채화 물감으로
살아있음을 걱정하는
침묵의 오만함
아침 햇살이
웃고 있습니다.

벼꽃

내 삶 색깔도 모르면서
저승은 무슨 색일까
점점 궁금 해지는 시간
용연 저수지* 물속에 잠긴
고향 진설미 논에 피었던
벼꽃이 오늘도
"너는 여태 무엇으로 살았냐?" 묻습니다.

* 용연 저수지 : 천안 목천 교촌리에 있음

가슴

초가을
내리는 비에
어둠보다 먼저
몸 숨기는 새 떼
어둠에 두려운 소리를
숲은 더 넓은
가슴으로 감싸 안고
이승엔 없는
어둠보다 먼저
몸을 숨기는
모든 소리를
가슴에 묻고 있다.

드러누워 하늘을 보면

고개를 들어야
하늘을 보니
하늘이라 하지만
살아서
등에 흙 대고
하늘을 보면
그래,
잊었던
흙 내음이
덜 익은 목화송이
씹던 내음으로
등에서 묻어난다.

살아있는 것만으로도 행복합니다

누런 시래기 몇 두름으로 행복했던
어둠의 계곡 분노가
이제 막 생장작 불꽃으로 타오르는데
아버지보다 더 늙은 아들이
족보를 보며 할아버지 울음을 봅니다
살아 있음은
봉분 없는 공원묘지
소리 내지 않는 울음 더미
소금이 생장작 불꽃에
심장판막증 입술로
생명의 끈을 잇고 있습니다
살아온 들판에 까마귀 울음소리
누구도 어루만질 수 없는 목숨
강물은 저절로 낮은 곳으로 흐르는 것이려니 생각하면
살아있는 것만으로도 행복합니다.

해바라기

고개를 숙이고
드는 용기
함께 있음은
빛 너무 밝아
어둠 되니 여름 내내
달콤한 솜사탕으로
충치 몇 개
지붕 위로 던졌구나

꽃망울

밀고,
당기는 힘의
경계선에서
또,
한 해를 맞는 날
수 없는 다짐을 해 보지만
그 모두가 짝사랑

칼날을 세울수록
세상의 혁명이 될 것 같지만
썩어야 제맛이 나는 술도 있고
생선도 있다는 사실을 잊고 살 때가 잦다.
부엌칼을 날카롭게 날을 세우지 않는
까닭을 우리는 알아야 한다.

가슴 두근거리며
앞마당에 핀 진달래, 자두나무, 살구나무, 꽃망울을
바라보면서
만남과 이별의 공간에
내가 서 있음에 위로받지만

내가 바라보는
진달래, 자두나무, 살구나무 꽃망울은
누가 위로해주나 생각하여 보지만
분명한 생각도 못 하는데
꽃샘추위는 오고, 그래도 꽃은 핀다.

흑성산 · 1

천안에 사는 사람이라면
흑성산
그 능선 따라
만나는 얼굴
눈빛 하나로 알고
언약 없이 헤어져도
목천,
북면,
입장,
전의사람
착한 목숨 하나로
천안 장날
첫닭울음 소리로 만난다.

흑성산 · 2

살아온 만큼
당신을 바라봅니다.
한양을 등진
몇, 몇의 선비가
천안의
풀,
돌 하나에
정들어
풀씨 기름에
불 밝혀
당신을 바라봅니다.

흑성산 · 3

간절히 바라는 것이
천국에 있다면
무심히 바라보는
흑성산엔
채 마르지도 않은 풀잎들이
온몸으로 부딪껴
불을 지핀다.
어둠에 가려진
천안을 감싸고
새벽으로만 버티는 흑성산은
억울한
목천,
북면,
입장,
전의사람
불러모아
올게심니* 한 움큼씩
나누어 준다.

* 올게심니 : 그 해의 농사에서 가장 잘 익은 곡식의 목을 골라 뽑아다가 묶어서 기둥, 방문위에 걸어 놓아 이듬 해 풍년을 기원

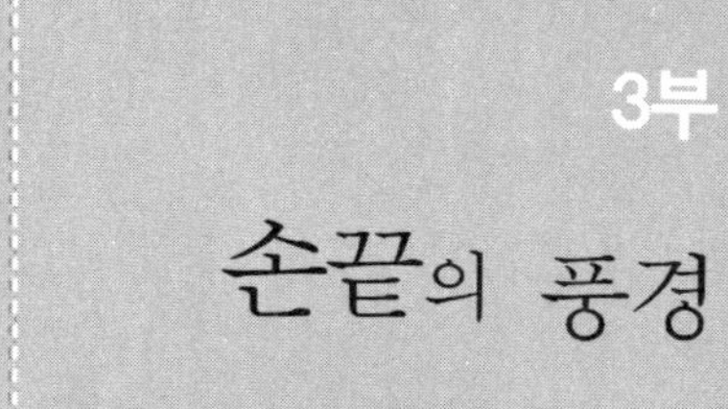

3부

손끝의 풍경

| 초록빛 그리움 / 손끝의 풍경 |

후박나무

무엇을 그렇게 잘못 하였길래
그 큰손으로 하늘을 향하여
여름 내내 빌고 있더니
가을 앞에선
제일 먼저 무릎을 꿇고
용서를 구하니
그 큰 붉은 열매
줄과 줄 사이에서
율법을 말하고 있다.

노을

바다 위
산 위
또 다른 그리움이
쇠를 녹이는 빛이 됩니다.

겨울나무

이파리 하나하나에
매달려 있던
그 많은 삶의 이야기
기쁨과 환희로
애틋한 그리움으로도
절망과 시련이
희망과 용서로
끝없는 욕망도
겨울이라는
자연의 계율 앞에
훌훌 털어버리고
순교자처럼 당당하게 서 있으니
얼마나 홀가분할까

씀바귀 꽃

상처 없이 핀 꽃이 어디에 있으랴
두 손 잡아 주던
그 모습으로 내 영혼에
속삭이고 있습니다.
어머니 손바닥 손금처럼 핀 꽃이
하늘을 봅니다.
어머니 발바닥 군살처럼 핀 꽃이
버리고 떠날 시간을 봅니다.
꽃을 꽃으로 볼 수 없는
살아온 날이 부끄러워
꽃대궁 끝자락에서 맴돌다가
"어머니!"하고 나직한 목소리로
불러봅니다.

새순

참고 참았던
대지의 간지러움
한꺼번에 터져 나온
웃음보따리

가을나무

생명의 약속을
말로 하는 나보다
가슴에 있는 말
빛으로 말하는
당신을 보면
내 말도
당신의 빛처럼 될 수 있을까 하고
가을 내내
당신 안에 있어 보지만
당신을 말로 하고 나면
이미 내 곁에는 없고
푸른 忍冬 후
당신을 보면
온통 빛의 향연
새 생명을 잉태할
내 집을 짓고 있습니다.

칠천량漆川梁*

당신들이 남긴
버리고 싶은 유산
한겨울 생솔가지에 내는
수없는 조선낫 자국들
낫 등으로 찍히는 헛손질
좌절의 그늘에 가린 그림자
어떤 눈으로
우리의 역사를 보아야 하는가
새로운 번호를 붙여서
치장해 온 얼굴들
당신들이 남긴
수많은 유산을
진열장에 남겨 놓고
칠천량(漆川梁) 수로에서
건져 올린 조선낫 한 자루
선명한 빗살무늬가
아침 햇살에
우리 등 뒤로
새떼가 되어 육지로 향하고 있다.

* 칠천량(漆川梁) : 임진왜란 때 원균 장군이 패한 곳

봄비

낙타의 울음을 듣지 못하고
떠났던 작은 생명이
이제 손잡고 있다
내 몸으로 가린 달력이
나의 입김으로
창문을 열게 되니
개암나무 산 도깨비도 만나고
낙타 떠나는 길에
새들이 제멋대로 가출하고 있다.

동백꽃

한 계절 잊고 사는
향기가
끝내,
생이별 모습으로
꽃 지니
숨죽여 구경하는
낯 설은 여인 가슴에서
간간이 묻어나는
엷은 피비린내

싸리꽃

흙먼지 속에서도
싸리 꽃은 피고
비 오는 날에도
온몸 흠뻑 젖을 줄도 압니다
별,
바람은
싸리 꽃이 피는 길섶마다
그동안 잊고 살았던
이웃들이 사랑이 되어
만나고 있습니다
소박한 꿈들은
흙먼지 속에서도
옥양목 삶은 마음으로
살아가고
그동안 말하지 못하고 살았던
꽃 피고
꽃 질 때의 이야기가
소금 빛으로
피어나고 있습니다.

풍선꽃

하늘을 향하여
놓아버린 풍선 꽃
살면서
아깝다. 아쉽다 하면서
욕심의 무더기에
아직도 바라보는 씨눈
또 다른 풍선 꽃
당신의 땅 꽃밭에 심고
지나온 시간을 곁눈질하며
늘 혼자 이야기하는
까만 씨앗

골무

오늘,
따사한 당신의 등을
그리워했습니다

당신의 체온으로
그토록 춥던 겨울밤도
따듯했고,
허기진 배고픔도
참을 수 있었습니다

당신의 손끝에서
영혼은
늘
영혼으로 번득였고,
당신의 체온으로
육신은
육신으로 있을 줄 알았습니다

오늘,
당신의 등

당신의 손끝을
그리워하는 것은
겨울밤이 추워서도
허기진 배고픔이 있어서가 아니라
당신의 아릿한 손끝을
덮어주던 골무가
어디에 있는지 알지 못하고,
바람 앞에 서 있습니다
하늘을 봅니다.

귀향

— 이종무 화백

설화산을 뒤로하고
어머니의 뜨락에 앉아
송악 저수지
외암리 마을도
언제나
황톳빛 그리움으로
물들이고
석양 저편 언덕엔
조선 소나무 몇 그루에
매달린 솔방울
아직은 초록빛
눈을 감고도
하늘,
석양을 보고 있습니다.

손톱

정인철 유고 시집을 읽던 날
정지용의 시가 서울대학 시험문제로 출제되고
정답을 향하여
정답을 찾아내려면
한석봉 어머니를 모셔 와야 하겠다.
우린 모른다
내 손톱이 어떤 일을 하는지
정인철,
정지용 시인은 정답을 위하여 죽지 않았고
더더욱 정답을 위하여 한 줄의 시를
쓰지 않았다.
내 살을 뚫고
새롭게 돋아나는 손톱을
우린 우리 손으로 자르고 다듬고
그리고 그렇게 정답을 만들고
한 사람의 유고 시집을 읽으며
한 사람의 시에 정답을 쓰고
시인의 대열에
흙에서 썩지 않는 손톱처럼
내가 아는 이름을 자주 부르고 싶다.

선[線]

— 백건우 공연을 보고

생명이 어느 곳에서
돋아나는가 했더니
우주의 공간에 보이지 않는
선(線)과 선(線)이 만나서
돋아나는구나
그 돋아남이 평온함만 있겠는가
서로 격려와 용서는
저 넓은 대지의 포옹에
모든 생명이 돋아나고
저마다 깃발이
선과 선이 만나서
펄럭이고 있다.
한 마리의 오리가
물속에서 자유를 노래하듯
피아니스트는 건반 위에서
자유를 노래하는 것이 아니겠는가
자유의 깃발이
생명의 깃발이
우주의 공간에 있음을

생명의 씨앗이
선과 선이 만나는 곳에 있음을

겨울 풍경

녹두밭 파랑새
내 아이에게 들려줄 전설은
어느 곳에 있는가
살날이 얼마 남지 않으신
아버지가 쇠스랑을 들고
거리로 나왔다.
속이고 또 속이는
사람은 없고
많은 사람이 차창 밖으로
이국의 모습으로 본다.
쇠뜨기, 말똥가리, 쑥부쟁이, 엉겅퀴가
아버지 쇠스랑 끝 날에 매달려
겨울 아스팔트 바닥을 내려다볼 때
또 전설 같은 이야기를 누가 쓰고 있다.
모두가 농민을 위한 일이었다고
서글픈 파랑새 이야기만 난무하다.
말씀을 듣지 못하는 여우 각시 풀만
웃고 있다.

기다림

엘니뇨 현상으로 강원도에 폭설이 내렸다.
산이 좋아 산으로 갔던 젊은이들이 폭설에
실종되었다는 소식이 들렸고,
바다가 좋아 뗏목을 타고
장보고 뱃길을 탐사하러 나갔던
젊은이들이 또 실종되었다는 소식이 들렸다.
빚쟁이 몸으로 미국으로 간 협상인들이
한 자릿수 이율 협상 성공 소식에도
실종되었던 젊은이들 소식이 실종으로 끝났다.
얼어붙은 땅은 삽날이 차지할 수 없지만
초록빛 새싹이 움트는 것을
우리는 잊고 살았다.
정작,
삽질할 수 없는 것은 얼어붙은 땅이 아니라
슈퍼마켓에서 라면 한 상자 더 사 보려는
젊은이, 어른들의 교집합 영토
온갖 풀씨들이 모여 있는 곳
숨 가쁘게 파헤쳐보고
나도 모르는 풀씨 이름을
가슴에 묻어봅니다.

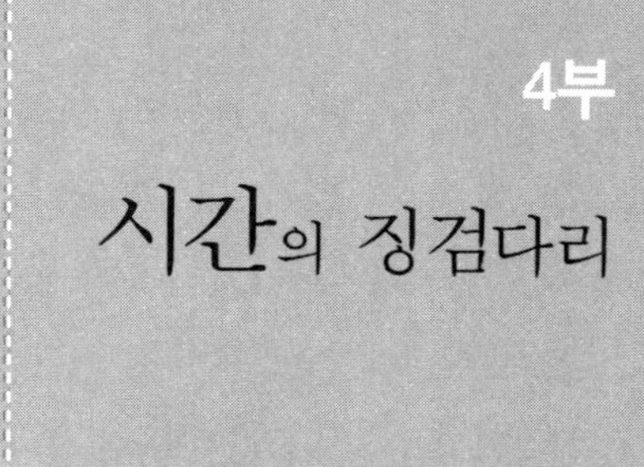

4부

시간의 징검다리

| 초록빛 그리움 / 시간의 징검다리 |

초록빛 그리움 · 1

있는 듯
없는 듯
초록빛 그리움은 그렇게 와서
또,
그렇게 당신에게 갑니다
말로는 다할 수 없는
그리움을 참으면
무엇이 될까요
두 눈을 감아봅니다
초록빛 비가 내립니다.

초록빛 그리움 · 2

온종일 아무것도 못하고
당신을 찾았어요
무엇이 되어 내게로 오시나요
작은 바람,
양지바른 논둑 냉이꽃,
시냇가 버들가지 눈,
질척거리는 길옆 질경이꽃,
민들레꽃도 있어요
아직도 눈을 못 뜨고
들릴 듯
말 듯한
당신의 소리를 들어봅니다.

초록빛 그리움 · 3

환상이 어떻게 오고
어떻게 가고 있는가를
알 때가 되니
자꾸 겁이 많아집니다
죄는 나이와 비례하지 않나요
섣불리 단정 짓지 않고
당신의 말을 기다려봅니다.

초록빛 그리움 · 4

서로 아플 수 있는 말은
말이 아닙니다
조금은 나이테 같은 말로
안에서 밖으로 나가는 문처럼
흙먼지도 풀씨를 안으면
한 권의 이야기책이 되고
당신과 내가 지금쯤은
어떤 안경을 써야 초점이 맞는가
생각하여 봅니다
빗소리가 환청(幻聽)으로 들립니다.

초록빛 그리움 · 5

어둠을 이끌고 오는 시간에
새들은 자면서도 노래를 부르려 하고
숨어서 자란 뿌리는
실눈을 뜨면서 당신을 바라봅니다
끝.
쓰지 말아야 합니다
아직도 이름을 붙여줄 새 생명이
당신을 기다리고 있습니다.

초록빛 그리움 · 6

— 최무용 생각 갖기 개인전에서

황톳길 따라가다 보니
당신이 살던 집에서
유년의 그림자들이
비석 치기
땅따먹기
때로는 술 주전자 들고 가다가
한 모금 마셨던 이야기들이
생명의 근본 위에서
흙을 섬기니
그리움도 섬길 줄 압니다
강하고 부드러운 것들
한 줌의 황토에 가두고
귀를 기울여봅니다
모든 소리가 어떻게 들리고 있습니까
듣고,
보고 싶습니다.

초록빛 그리움 · 7

당신을 바라보면서도
당신을 늘 그리워하고
당신과 함께 있으면서도
또,
그리워하며 살고 있습니다
어떻게 할까요?
또,
그리워하며 살아도 되겠지요.

초록빛 그리움 · 8

또 다른 그리움이 빗장을 풀면
또 다른 바람이 햇살을 몰고 와
눈, 비가 되어 머물다가
사랑이 되는가 봅니다
당신을 그리워하는 언어들이
꽃나무에 새긴 나이테처럼
당신 주위를 맴돌다가
어지럽고 어지러워
꽃으로 피는가 봅니다.

초록빛 그리움 · 9

초록빛 그리움으로 불타는
4월의 땅은
기다림으로 가득 차있습니다
풀잎 하나
돋아나는 나뭇가지 새싹들이
어떻게 기다렸다가
어떻게 그리움이 되는가
바라보고 있노라면
그리움과
기다림이 어느 곳에 있는지
알 수 있습니다
생명의 빛은 그리움과 기다림으로
뭉쳐 있는 외로움의 꽃다발입니다.

초록빛 그리움 · 10

한낮에도 두 눈을 감는 날에는
내 생각대로
꿈을 꾸고 싶다
나무가 많은 산에도 오르고
언제나 저 혼자서 흐르는 골짜기 물도 되었다가
고향 집 돌담 같은 햇볕도 쬐다가
사금파리로 흙벽에다가
자화상도 그리고 싶다
자운영 꽃이 핀 논에선
온몸을 숨기고 싶다.

초록빛 그리움 · 11

눈을 감아도 보이는 길이 있다
그 길을 따라가다 보면
잊었던 그림자가 찾아와
아는 체를 한다
참으로 반갑다
언제나 그 길을 따라가고 싶다
정말로 잊었던 그림자를 만나고 싶다
그리고 묻고 싶다
눈을 뜨면 그 길이 보이지 않는 까닭을

초록빛 그리움 · 12

— 감꽃

고개 한 번 들지 못하고
피었다가 떨어지는 감꽃은
하늘이 무서워서가 아니라
새 생명을 위한 기도 때문입니다
입술을 깨물고
삭히다가 참지 못하고 터뜨리는
어머니의 울음처럼
감꽃은 언제 피고, 언제 지는가
당신과 내가 사는
5월의 땅을
가장 고운 생명의 빛으로 밝혔습니다.

초록빛 그리움 · 13

틈이 있는 곳에서
개미 한 마리가 기어 나오더니
풀씨가 뿌려졌다
아이가 틈 사이로
기어들어 가더니
나올 줄을 모른다
기다리는 것을 잊은
많은 사람이
자신의 틈으로 아이를 만나러 들어간다
풀씨가 싹을 틔울까?

초록빛 그리움 · 14

혼자가 아닐 때가 더 아름다울 때가 있다
나무를 바라보았다
혼자였다
또 나무를 바라보았다
오라고 손짓을 한다
성큼 가질 못하고 망설이고 있을 때
바람이 중얼거리며 지나갔다
또 나무를 바라보았다
늘,
나무는 혼자였다.

초록빛 그리움 · 15

꽃대가 꽃보다
긴 것이나
꽃보다 꽃대가
짧은 것이나
보지 못하니
벼꽃,
맥문동 꽃처럼
서로서로
그리워하는 얼굴이 보고 싶다.

초록빛 그리움 · 16

— 땡감

늘 푸르게 살고 싶어
더 이상은 너에게
매달리고 싶지 않아
지구의 끝 날에
이마를 부딪쳐
더 푸르게 멍들고
세상의 그리운 것들
더 그리워하다 보니
가슴에 지구가 매달려 있네

초록빛 그리움 · 17

산에 오르다가
갑자기 똥이 마렵다
걱정이다
누가 나의 배설물을
반겨 주겠는가
산,
나무가
누구에게도
허락도 없이 배설하는
나의 오만함이여
사정없이 달려드는
파리 떼여
그대들은 누구의
허락을 받았는가?

초록빛 그리움 · 18

가을 끝자락
버리고
버려야 할
스스로 도취 된
언어를 버리지 못하는
이 어리석음

초록빛 그리움 · 19

그리운 것은 늘 멀리 있다
내가 너를 부르는 소리
너에게 들리지 않고
나에게 들리지 않기 때문에
그리운 것이 아니겠는가
그리운 소리가 들리지 않는
일상(日常)
너와
나뿐이겠는가

초록빛 그리움 · 20

어린아이가 기어갑니다
소년이 걸어갑니다
청년이 힘차게 뛰어갑니다
중년의 남자가 걸어갑니다
중늙은이가 걷는 것도 아니고,
뛰는 것도 아닌 걸음으로 갑니다
늙으면 어떤 걸음으로 가야 하나 생각하여 봅니다
언제나 흔적 없이
날은 저물어 갑니다.

《작품 해설》

生命의 原流와 사랑의 회복을 통한 文明救援

한 성 우

문학박사 · 시인 · 문학평론가

이 시집의 저자 권상기 시인은 '시인의 말'이나 간략한 시인의 이력에서 알 수 있듯이, 천안에서 태어나고 성장해서 지금까지 그곳에서 시인으로서, 또 교육자로서 고향을 지키며 살아오고 있다. 이제 그런 그가 학교장으로 재직하고 있는 초등학교에서 정년퇴임을 바로 눈앞에 두고 있다. 사람이 평생 한 가지 일을 제대로 하기도 어려운데, 그는 시인으로서, 교육자로서, 또 지역문화 발전의 기수로서 어느 한 가지에도 소홀함이 없이 평생을 문학과 교육, 지역문화 향상에 몸과 마음을 바쳐왔다. 한때, 문학청년으로서 그와 함께 동병상린의 꿈을 안고 살았던 필자는, 권상기 시인이 이미 『조약돌』, 『침묵으로 남는 소리』 등의 시집을 출간하고 천안문인협회 회장과 천안시인회 회장 등으로, 公私間의 문학 활동에 많은 기여와 업적을 남긴 것을 익히 알고 있다. 그런가 하면, 교육자로서 문학을 통해 학생들의 정서발달과 바른 人性확립을 위해서 충남초등국어교육연구회 회장과 知·好·樂 독서교육연구회 등을 운영해 오고 있다는 사실도 알고 있다. 어찌 보면 이러한 다양한 일들을 그는 누구보다도 앞장서서 적극적으로 행한, 참으로 유능한 시인이며 사명감과 책임감 있는 교육자요 지역의 일꾼이라 할 수 있다. 이 모든 면면들이 모두 찬사를 받을 일이지만, 우리는 무엇보다도 그에게 이 모든 일의 중심에는 항상 시가 있었음을 잊어서는 안 된다. 그러니까 시는 권상기 시인이 이러한 1인2역, 3역의 어려운 일들을 이끌어 나가는 원동력이 되고 있는 것이다. 그렇다면 이러한 그의 시적 에너지의 구체적인 모습은 어떠하고, 그 특징들은 무엇인가? 또 그것은 어디로부터 비롯되며, 그 지향점은 어디인가?

❏시의 기초적 서정과 제재

이번에 발간되는 권상기 시인의 세 번째 시집인 『초록빛 그리움』에 실려 있는 시집에는 시집의 타이틀에서부터 '그리움'이라는 단어가 넘쳐난다. 시집의 제4부에는 '초록빛 그리움'이라는 소제목 아래 '그리움'을 직접 시의 제목으로 한 20편의 연작시작품 외에도, 시집속의 전체 80편에 육박하는 다른 시작품들에도 '그리움'이라는 단어는 수없이 등장하고 있다. '그리움'은 '그리워하다'의 명사형으로, '보고 싶어 그리는 마음', '思慕의 情'이 그 사전적인 설명이다. 즉, 어떤 주체가 자기 눈앞에서 볼 수 없는 어떤 대상을 마음속으로 생각하는 것이다. 여기에는 그리워하는 주체와 그리움의 대상 간에 시·공간적으로 일정한 거리유지가 필수적이다. 이러한 모습의 대표적인 예는, 우리의 전통서정시에서 별리의 恨을 노래하고 있는 대부분의 시에서, 화자가 지금은 여기에 없는 연인이나 부모형제와 친구를 그리워하는 노래에서 어렵지 않게 볼 수 있다. 우리 한국시의 원형이라고도 할 수 있는 '恨'도 결국은 이러한 그리움의 반복과 누적으로부터 비롯된다고 할 수 있다. 그렇다고 볼 때 '그리움'은 '기다림', '사랑' 등과 함께 우리 전통 서정시의 原流라고 할 수 있을 것이다. 이런 맥락에서 권상기 시인의 '그리움' 또한 그러한 전통 서정성 위에 있음을 확인할 수 있다.

상처 없이 핀 꽃이 어디에 있으랴
두 손 잡아 주던
그 모습으로 내 영혼에
속삭이고 있습니다.
어머니 손바닥 손금처럼 핀 꽃이
하늘을 봅니다.
어머니 발바닥 군살처럼 핀 꽃이
버리고 떠날 시간을 봅니다
꽃을 꽃으로 볼 수 없는
살아온 날이 부끄러워
꽃대 궁 끝자락에서 맴돌다가
"어머니" 하고 나직한 목소리로
불러봅니다.

—「씀바귀 꽃」 전문

시적 화자의 어머니에 대한 그리움을 씀바귀 꽃을 매개로 해서 노래한 시작품으로, 지금 이 자리에는 없는 어머니에 대한 그리움을 애절하게 표현하고 있다. 시의 맨 첫 행에서 볼 수 있듯이 시인에게 '어머니'는 살아가면서 많은 상처를 받은 여인으로 인식되고 있다. 이러한 시인의 어머니에 대한 모습은 희생적이고 母性愛적인 우리 한국의 대부분의 어머니像이라고 볼 때 권상기 시인의 어머니에 대한 그리움은 전통서정시의 그것과 동질적이다. 약간의 편차는 있지만, 권상기 시인의 시집 『초록빛 그리움』에 실려 있는 대부분의 시작품들은 어머니와 고향, 그리고 만나고 헤어진 수많은 사람들에 대한 '그리움', '기다림', '사랑' 등과 같은 전통 서정을 풀과 나무, 강과 산 등의 자연을 매개로 해서 감각적으로 표현하고 있다. 권상기 시인이 한국인으로서, 또 도시가 아닌 시골의 자연 환경 속에서 태어나서 성장해온 사람으로서 이렇게 우리의 전통적인 情恨을 자연적 소재를 통해서 노래하는 것은 너무도 당연하다. 그럼에도 불구하고 어떤 사람들은 요즘과 같이 첨단화된 과학기술이 우리의 일상적인 삶의 환경을 이루고 있는 정보화 시대에, 과연 이러한 1차 농경사회 환경 속에 살았던 우리의 조상들과 동질적인 전통적 서정성이 타당하고 유효한 것일까 하는 의문을 제기 하기도 한다. 一見 당연한 듯이 들리기도 한 이러한 문제제기에 대해서 반론을 제기할 수 있는 근거를 우리는 권상기 시인의 '그리움'의 서정을 좀 더 깊이 살펴봄으로써 마련할 수 있을 것이다.

❑ 生의 原流로서의 '초록빛 그리움'

앞에서도 언급했지만, 지금 우리나라는 세계적인 高度 情報化 사회에 진입해 있다. 그러한 정보화 사회의 구체적인 모습을 우리는 일상생활 속에서 얼마든지 확인할 수 있으며, 실제로 우리는 매 순간 그러한 체험을 하며 살아가고 있다. 정말로 우리는 스마트폰으로 상징될 수 있는 정보화 사회의 코페르니쿠스적인 시대 · 사회적 변화를 누구든지 실감하고 있다. 이 시집의 저자 권상기 시인 역시 현대인으로서 그러한 변화 속에 살고 있으며, 또 그것을 온몸으로 체험하고 있을 것이다. 그러나 그의 마음은 여전히 정보화라는 말이 생기기 전, 아니 문명이란 말이 회자되기 이전 우리의 선배 시인들이 노래했던 그리움 속에 있고, 또 그것을 시작품으로 노래하고 있다. 그러나 그에게 있어서 그러한 그리움은 아무리 세월이 흘러 시대가 바뀌고 사회가 새롭게 변화해도, 영원히 고정 불변하는 生에너지의 저수지이다.

광활한 우주의
문을 열어 봅니다.
생명이 있는 모든 것이
숨죽여 바라보며
축복의 박수를 보낼 때
초록빛 그리움이여,
얼마만큼 걷고 걸어야
당신을 만날 수 있습니까
생명의 무늬가 내는

처음의 소리를 생각하며
당신이 잉태한
산고에 대하여
함께 기도하겠습니다
당신이 빛으로 언약하면
우리들의 별들은
모든 어둠을 끄고
저마다 꽃 초롱 하나씩 들고 나와
당신을 맞이합니다.

— 「生命을 위한 그리움의 序曲」 일부

우리는 이 작품의 제목에서부터 권상기 시인에게 있어서 '그리움'은 단순히 전통서정적인 一過性의 인간적인 것이 아니라, 우주적이고 근본적이며 살아있는 모든 것의 영원한 '생명성'과 관련되고 있다는 것을 느낄 수 있다. 그래서 여기에서의 그리움은 심미적 차원이 아닌 신화적, 종교적인 차원으로, 그 어조나 분위기가 자못 엄숙하고 비장감마저 든다. 권상기 시인이 교회에 출석하거나 기독교인이라는 말은 아직 들어 본 적이 없지만, 이 시작품 속에는 기독교적인 의미가 내포되어 있음을 볼 수 있다. 1,2행의 "광활한 우주의/문을 열어 봅니다"라든가, 9,10행의 "생명의 무늬가 내는/처음의 소리를 생각하며", 또 14,15행의 "당신이 빛으로 언약하면/우리들의 별들은/모든 어둠을 끄고"의 시구들이 그러하다. 1,2행의 "광활한 우주의/문을 열어 봅니다"는 성경의 창세기 1장 1절의 "태초에 하나님이 천지를 창조하시니라"에 대응하고, 9,10행의 "생명의 무늬가 내는/처음의 소리를 생각하며"는 창세기 1장 2절, "땅이 혼돈하고 공허하며 흑암이 깊음 위에 있고 하나님의 신은 수면에 운행하시니라"의 의미에 닿아 있다. 또 14,15행의 "당신이 빛으로 언약하면/우리들의 별들은/모든 어둠을 끄고"는, 창세기 1장 3절의 "하나님이 가라사대 빛이 있으라 하시매 빛이 있었고"와 同意的 對句(synonymous parallelism)을 이루고 있다.

이러한 모습에서 우리는 권상기 시인 자신이 알고 있든 모르고 있든, 그의 작품들은 일정부분 기독교의 자장권에 있음을 확인할 수 있다. 따라서 권상기 시인의 「生命을 위한 그리움의 序曲」에서의 '초록빛 그리움'은 성경의 맨 처음에 등장하는 천지창조 이야기의 맨 첫 부분 즉, 인간을 비롯한 모든 생명체와 모든 별들의 고향인 우주를 창조한 절대자에 대한 그리움이다. 보이지도 만져지지도, 들을 수도 없는 절대자는 모든 존재의 뿌리이자 출발점으로, 시인은 시인 자신의 원초적 생명의 고향이기도 한 그러한 영원불변한 절대자에 대한 그리움을, 일상적이고 관습화된 전통서정의 그리움과 차별화해서 '초록빛 그리움'으로 표현하고 있다. 그러니까 '초록빛 그리움'은 마르지도 썩지도 않는 에너지로 충만한 원초적인 생명의 원류가 되고 있다. 그러나 다소 추상적이고 신념적 수준에 머물렀던 시인의 '초록빛 그리움'은 다음의 인용시에 오면 좀 더 구체적이고 경험적으로 나타난다.

그곳에 가보면
이름이 있는 것과

없는 것을 구분할 수가 없네
그곳에 가보면
당신의 눈으로
볼 수 없는 것이 있네
그곳에 가보면
살아있음이 숙연해지고
제 몸조차 없는 갯벌이
어떤 사랑을 주면서
무엇을 그리워하는지
수많은 생명이
어떻게 잉태하고
회귀(回歸)하는지
…
…
네 것과 내 것으로
풀리지 않는 말들을
그곳에 가보면
질펀한 갯벌의 목숨만큼
모든 것을 용서하니
시작과 끝이 없는
또 다른 그리움이 된다.

—「순천만에서」 일부

아마도 시인이 순천만을 여행하면서 현장을 직접 보고 느낀 체험을 형상화 한 것으로 보이는 시작품으로 생각된다. 마치 앞의 「生命을 위한 그리움의 序曲」에서의 '광활한 우주'처럼 수 십 년 혹은 수 백 년, 수 만 년에 걸쳐 형성되어온 광활한 갯벌과, 그 갯벌 위에 이리저리 제 맘대로 이어지는 물고랑과, 온갖 종류의 바다생명체들이 어떠한 제재나 방해도 없이 자유자재로 갯벌을 마음껏 누비면서 평화롭게 공존 공생하는 모습에서, 시인은 그가 그토록 마음속으로 꿈꿔 왔던 원시적인 생명력을 만나게 된다. 그곳에는 "이름이 있는 것과/없는 것을 구분할 수가 없고", "네 것과 내 것으로/풀리지 않는 말들"이 없는 평화와 상생의 공간이다. "9행의 "제 몸조차 없는 갯벌"과, 끝에서 4번째 행의 "질펀한 갯벌의 목숨만큼"이라는 표현에서, 우리는 「生命을 위한 그리움의 序曲」의 시적 배경이자 창세기 1장2절의 "땅이 혼돈하고 공허하며 흑암이 깊음 위에 있고"라는 성경구절에서와 같은, 형태화되거나 분화되기 이전의 생명의 胚芽로서의 어둠과 혼돈, 그리고 공허를 볼 수 있다. 그러나 이러한 원시 생명의 배아는 창세기에서는 하나님의 명령이신 '빛'으로 해서 드디어 공허와 혼돈의 흑암은 각기 형체와 질서를 형성해 나가기 시작하고 모든 생명체가 제 모습으로 태어나게 된다. 권상기 시인의 「순천만에서」 에서는 그러한 분화와 형태화 작업 즉, 어떤 차별과 제한이나 억압과 소외도 없는 원시적인 생명공동체의 실현이 '사랑'과 '용서'로 이뤄지고 있다. 10행의 "어떤 사랑을 주면서"와 끝에서 세 번째 행의 "모든 것을 용서하니"라는 시구에서 시인의 그러한 모습을 확인할 수 있다. 그러니까 권상기 시인의 '사랑'과 '용서'는 천지창조 이야기에서의 '빛'과 等價 관계임을 볼 수 있다. 시인은 자연으로서의 '순천만'의 갯벌을 통해서 추상적, 이념적인 절대적 생명을 상징하는 '초록빛 그리움'을 경험적으로 만나는가 하면, 삶 속에서의 실천적 방법론으로서의 사랑과 용서와 화해의 '초록빛 그리움'을, "또 다른 그리움(마지막 행)"으로 만나게 된다.

□ '초록빛 그리움'의 마중물로서의 '사랑'의 俗性

앞에서 살펴본 것처럼 권상기 시인은 有限的인 地上的 존재로서의 불완전한 삶을 살아가면서, 그 실존적, 숙명적인 한계를 뛰어넘어 완전하고 영원한 생명의 세계로 나아가고자 한다. 그래서 시인은 생명수 즉, 초록빛 그리움이 흘러넘치는 생명의 始原에 파이프를 연결해서 현실 속에서 고갈된 몸과 마음의 에너지를 다시 채우고자 한다. 그러나 너무도 큰 현실적 장애와 마음의 상처 때문일까? 생명의 원류에서 길어 올린 그 생명수는 시인의 몸과 마음 구석구석에 펼쳐져 있는 실핏줄에까지는 도달하지 못하고 있다.

> 늘 푸르게 살고 싶어
> 더 이상은 너에게
> 매달리고 싶지 않아
> 지구의 끝 날에
> 이마를 부딪쳐
> 더 푸르게 멍들고
> 세상의 그리운 것들
> 더 그리워하다 보니
> 가슴에 지구가 매달려 있네.
>
> — 「초록빛 그리움 · 16 -땡감」 전문

우선, 위 시작품의 1행, "늘 푸르게 살고 싶어"에서 우리는 생명의 발원지를 향한 시인의 의지를 볼 수 있다. 그러나 어떤 연유로 인해서인지 모르지만, 시에서 '너'로 의인화 되어 현실적 삶의 녹슨 프레임을 은유화 하고 있는 감나무 가지에 의지하고 싶지 않다고 선언한다. 그 구체적인 이유는 알 수 없지만, 시인이 현실 속에서 느끼는 어떤 모순이나 갈등일 것이라는 것을 추측할 수 있다. 그러나 그러한 모순과 갈등과 끝내 화해하지 못한 시인은 마침내, "지구의 끝 날에/이마를 부딪쳐/더 푸르게 멍들고"라는 시구에서 볼 수 있듯이 어떤 체념 상태에 이르게 된다. 이는 땡감이 가지에서 잘 익어 맛과 빛깔이 제 모습대로 완성되지 못한 채, 불완전한 모습으로 땅에 떨어지는 모습을 비유적으로 표현한 것이다. 그렇게 땅에 떨어진 땡감은 땅바닥으로 낙하는 충격으로 인해 "더 푸른 멍"이 들게 되는데, 이는 바로 시인의 현실과 불화가 깊어지고 거기서 비롯되는 마음의 상처가 깊어짐을 은유적으로 표현한 것에 다름 아니다. 그러나 이러한 절망적인 상태 속에서도 시인은 마음속에 간직하고 있는 "세상의 그리운 것들"을 포기하지 못하고 오히려 "더 그리워" 하고 있다. 다시 말해서 시인은 더 상처받고 절망에 빠질수록 "초록빛 그리움"에로의 열망은 더욱 강해지고 있다.

프로이드는 그의 무의식 이론에서 이러한 인간의 원초적인 욕망은 죽음의 본능이 강해질수록 생에의 본능도 강해진다고 말하고 있다. 이는 하나의 역설(paradox)의 미학으로 마지막 행의 "가슴에 지구가 매달려 있네"라는 시구가 바로 그런 의미를 함축하고 있다. 이미 시인은 시 작품의 4행에서 “지구의 끝날” 즉, 체념상태를 선언한 바 있지만, 마지막 행에 오면 그런 지구가 다시 가슴에 매달려 있다고 앞의 선언을 번복하고 있다. 여기서 ‘가슴’은 물론 시인의 ‘마음’의 다른 표현으로, 그는 아직도 “지구의 끝”이 아닌 새로운 희망과 출발에의 의지 즉, ‘초록빛 그리움’를 내보이고 있다. 이렇게 권상기 시인은 ‘끝날’에서 ‘새날’을, ‘절망’에서 ‘희망’을, ‘고통’에서 ‘환희’를, ‘어둠’에서 ‘빛’을 건져 올리고 있다. 그렇다면 그에게 ‘초록빛 그리움’을 향한 이러한 열정과 의지를 推動하는 힘의 정체는 도대체 무엇인가? 그것은 바로 추상적, 이념적 차원의 ‘초록빛 그리움’의 실천적 방법론이기도 한 ‘사랑’이기도 할 것이다.

어떤 사랑을 주었기에
나도 모르고 너도 모르는
연두 빛 실핏줄 그리움을
계절의 줄기 끝으로 몰고 와
순간순간 곡선의 의미를 묻는가
현실과 타협을 못하는
자연의 계율이
또 다른 계절 앞에서 서성거리고
생명을 잇는 곡선의 의미를 찾다가
단호한 계절의 사랑 앞에 서 있다.

—「곡선」 전문

이 시집의 대부분의 서정적인 작품들과 달리 위 인용시는 경험적인 구체성보다는 추상적 관념시로써 언뜻 가슴에 와 닿는 서정적 울림은 없으나, 그 시적 의미의 폭과 깊이가 큰 작품이다. 이 작품을 감상하기 위해서는 일단, 초봄의 작은 나뭇가지에 솟아오르기 시작하는 새순을 떠올리고 꽃샘추위나 봄바람 등으로 금방 새잎을 터트리지 못하고 망설이는 나뭇가지를 상상할 필요가 있다. 우선 시의 전반부에서 우리는 그러한 모습을 볼 수 있는데, 3연의 "연두 빛 실핏줄"과 "4연의 계절의 줄기 끝"에서 그것을 확인할 수 있다. 그런데 여기서 눈여겨 볼 대목은, 그 나뭇가지가 1,2연에서 드러나듯이 "나도 모르고 너도 모르는/어떤 사랑"을 받고 새순을 틔우고 있다는 점이다. 문맥상 이 시에서 우리는 "나도 모르고 너도 모르는/ 연두 빛 실핏줄 그리움"은 곧 원시적 생명의 원류 즉, '초록빛 그리움'을 의미하고 있다. 그런데 그것을 "계절의 줄기 끝"으로 몰고 온 것은 1연의 "어떤 사랑"에 의해서 이뤄지고 있음을 볼 수 있다. 그것은 에덴동산에 넘쳐흐르는 생명수인 '초록빛 그리움'을, "계절의 줄기 끝으로 몰고와"로 은유화된, 시인의 삶의 공간인 현실 속으로 가져오는 물줄기 역할을 하고 있다. 그럼에도 불구하고 '초록빛 그리움'은 기대처럼 잎으로 활짝 피어나지 못하고 "순간 순간 곡선의 의미"를 묻고 있다. 추측컨대 '곡선'은 나뭇가지에게는 꽃샘추위나 봄바람 등 현실적 장애를 의미하고 있으며, 이어지는 시행의 "현실과 타협을 못하는/자연의 계율"에서 그것을 확인할 수 있다. 때가 되고 계절이 바뀌면 새순이 트는 것이 자연의 섭리이거늘 인용시에서의 새순 즉, '초록빛 그리움'

은 여의치 않은 현실의 기후여건 등에 따라서 고뇌하며 말못할 內傷을 앓고 있다. 8행의 "서성거리며"라는 시구에서 우리는 이런 모습을 엿 볼 수 있다. 시적 주체는 여전히 갈등하고 있지만, 끝내 자연의 질서를 저버리는 "현실과의 타협"을 거부하고, "단호한 계절의 사랑 앞에 서 있다"고 선언한다. "단호한 계절의 사랑"은 "자연의 계율"를 따르는 순수하고 영원불변한 절대적인 사랑으로, 이것은 또한 1행의 "어떤 사랑"이기도 하다. 그 사랑은 참으로 위대하고 고귀하고 아름다운 것으로, 유토피아에 존재하는 '초록빛 그리움'을 온갖 모순과 갈등, 불확실성과 불완전성의 지상공간으로 이끌어 내는 마중물이다. 어떠한 고통과 슬픔, 절망과 좌절, 소외와 핍박도 한데 녹여내서 자유와 평등과 평화, 용서와 화해로 빚어낸다. 그것은 단순한 감정의 경지를 넘어서 자신을 모두 바치는 헌신적인 것이며 마침내는 목숨까지 걸어야하는 生에의 열정(passion)이다. 열정은 사랑의 최고 경지로, 열정(passion)의 어원은 고통 받는다는 뜻의 passio이다. 패션의 그러한 의미는 지금도 그리스도의 수난((The passion)과 그리스도 수난극(Passion Paly) 속에 남아 있다. 우리는 권상기 시인의 생에의 이러한 열정과 의지를 이미 앞의 인용시 「초록빛 그리움 · 16 -땡감」 에서도 살펴본 바 있지만, 그러한 사랑으로 시인 자신의 삶은 물론이지만, 그가 항상 함께 살아가는 자연과 현실, 고향과 이웃들을 따뜻한 인내와 용서, 그리고 화해와 긍정으로 감싸 안고자 한다.

❑ 사랑의 상실과 '초록빛 그리움'의 復元 指向

세월은 예나 지금이나 변함없이 흘러가고, 세월의 흐름에 따라 인간을 비롯한 세상의 모든 것들 역시 변화하고 있다. 그것은 영원불변한 진리이며 자연의 이치이기도 하다. 따라서 어제와 오늘이 같을 수 없고, 오늘이 내일과 같을 수 없다. 변화는 너무 자연스럽고, 또 그에 따른 시대 · 사회적인 변화는 필연적이다. 그래서 인간을 비롯한 모든 존재는 그러한 변화를 당연한 것으로 받아들이고, 변화된 환경에 적응해서 살아가려고 한다. 그러나 그러한 변화가 기대수준을 훨씬 초월하거나 충격적으로 다가올 때, 모든 존재는 변화된 환경에 적응해서 사는 것이 어려워지고 끝내는 도태될 수도 있다.

우리는 인류역사문명을 통해서 그러한 모습을 어렵지 않게 확인할 수 있으며, 어쩌면 지금도 그러한 과정이 진행되고 있고, 또 그러한 과정 속에 살아가고 있다고 할 수도 있다. 요즘 들어서 지구촌 곳곳에서 더욱 잦아지고 대형화 되고 있는 기후변화로 인한 각종 자연재해가 그 대표적인 예이다. 그러나 어찌 보면 그러한 외적인 자연환경보다 더욱 근본적이고 심각할지도 모르는 변화는, 첨단과학기술의 발전으로 인한 각종 전자기기와 인터넷과 통신수단의 발달로 인한 인간의 일상생활의 혁명적인 변화이다.

남녀노소를 불문하고 현대인들은, 스마트폰으로 상징되는 그러한 생활의 변화를 매순간 실제로 체험하며 살고 있다. 손바닥만 한 스마트폰을 통해서 우리는 전화통화는 물론이지만,

TV나 영화를 볼 수 있고, 신문이나 신간서적을 다운받아볼 수 있으며, 인터넷뱅킹, 열차나 항공권 구입, 온라인 수강 등을 할 수 있다. 가히 인류문명과 인간의 삶은 지금 이 순간도 超速的으로 변화하고 있다. 특히 세계사에서 유례가 없을 정도로 단기간에 경제, 사회적으로 압축 성장해온 우리나라는 그야말로 桑田碧海의 변화가 이뤄지고 있다.

그러나 한편으로 우려되는 걱정스러운 것은, 이러한 급격한 변화가 항상 긍정적이고 발전으로만 이뤄지고 있지 않다는 점이다. 이는 일종의 문명의 반사급부로써 변화의 질량만큼 인간의 생활환경과 행복지수가 비례적으로 향상되지 않고 오히려 부작용이 더 크게 나타나는 경우도 많다는 점이다. 그러한 사실을 우리는, 하루가 멀다 하고 발생하는 각종 반인륜적이고 반문명적인 사건, 사고들에서 확인할 수 있다. 비단 그러한 사건 · 사고에 직접 연루되지 않았다 하더라도, 우리들 대분은 초조와 불안, 더 나아가서는 원인모를 불확실성과 불안감으로 인한 어떤 공포감에 휩싸이는 긴장 속에서 살아가고 있다. 그야말로 먹잇감을 눈앞에 두고 달려가는 황야의 맹수들처럼, 무한생존경쟁의 각박한 현실 속에서 목숨을 건 투쟁을 하고 있는 것이다. 처절한 생존경쟁의 전장에 홀로 내던지진 우리는 두렵고, 때로는 고독하고 누군가가 그리워지기도 하고 또 위로받고 싶어지기도 한다. 진정 상처뿐인 우리의 마음을 어루만져줄 손길은 어디 있으며, 만일 있다면 그 손길의 정체는 무엇일까?

오늘,
따사한 당신의 등을
그리워했습니다

당신의 체온으로
그토록 춥던 겨울밤도
따뜻했고,
허기진 배고픔도
참을 수 있었습니다

당신의 손끝에서
영혼은
늘
영혼으로 번득였고,
당신의 체온으로
육신은
육신으로 있을 줄 알았습니다

오늘,
당신의 등
당신의 손끝을
그리워하는 것은
겨울밤이 추워서도
허기진 배고픔이 있어서가 아니라
당신의 아릿한 손끝을
덮어주던 골무가
어디에 있는지 알지 못하고,
바람 앞에 서 있습니다
하늘을 봅니다.

—「골무」 전문

우리는 이 작품을 읽으면서 시작품 어디에도 어머니라는 단어는 등장하지 않지만, 우리 각자의 어머니는 물론 이 시대를 살아가는 모든 사람들의 元型으로서의 어머니의 이미지를 어렵지 않게 떠올릴 수 있다. 그러니까 이 시에서의 '당신'은 자연히 어머니를 지칭하는 2인칭 대명사가 된다. 따라서 "당신의 등", "당신의 체온", "당신의 손끝" 등의 시구들은 모두 어머니 이미지에 대한 디테일이라고 할 수 있다. 어머니에 대한 이러한 디테일을 통해서 우리는 원형의 어머니를 구체적이고 경험적으로 만날 수 있다. 그것은 어머니와 나와의 체험적인 관계 형성으로, 어머니의 등과, 체온, 손끝 등의 시어가 그 관계망의 주요소가 되고 있다. 그런 의미망 속의 어머니는 추위와 배고픔으로 상징되는, 세상의 어떤 환경 속에서도 내가 쓰러지지 않고 오늘 이 자리에 우뚝 설 수 있는 원동력이 되고 있다.

지금도 마찬가지이지만 특히, 산업화나 더더구나 정보화 세대가 아닌 권상기 시인 연배들의 어머니들은, 자식들의 추위와 배고픔을 덜어주기 위해서 온갖 역경을 헤쳐 온 자기희생의 여인들이 대부분이다. 추위와 허기로부터 나를 살리고 지금의 나로 키워낸 어머니에 대한 그러한 기억은 항상 가슴이 아릿한 그리움으로 다가온다. 시인 역시 지금, 그런 어머니에 대한 그리움을 '골무'를 매개로 해서 서정적으로 그려내고 있다. '골무'는 어머니들이 바느질을 할 때 바늘귀에 손가락이 상하지 않도록 엄지손가락에 끼웠던 일종의 보호구이다. 지금은 그런 일이 없지만, 옛날에는 온 식구들이 입고 덮는 옷과 이불 등을 손수 빨고 말려서 바느질을 해야만 했기 때문에 손이 상하는 일이 비일비재했다. 지금은 그것을 볼 수도 또 사용하지도 않지만, 권상기 시인은 기억 속에서 그것을 끄집어내어 그 가난했던 시절에 어머니들이 걸어갔던 고통과 인내의 길과 자식들에 대한 무한한 사랑을 노래하고 있다.

이런 사랑의 모습은 일반적인 윤리적 차원의 사랑이 아니고, 앞서 살펴본 바 있는 자기의 목숨까지 바치는 열정(passion)적 사랑 즉, 기독교적인 사랑이다. 그런데 여기서 우리가 눈여겨 보아야 할 것은 그러한 어머니의 사랑을 1연과 4연에서처럼 하필이면 '오늘', 떠올리고 그리워하는가 하는 것이다. 더구나 4연에서는 '오늘' 어머니를 그리워하는 것은, "겨울밤이 추워서도/ 허기진 배고픔이 있어서가 아니라"고, 애써 시의 앞부분에서의 진술내용을 번복하고 있다. 그러나 이에 대한 연유를 우리는 이어지는 시행에서 확인할 수 있다. "당신의 아릿한 손끝을/덮어주던 골무가/어디에 있는지 알지 못하고/바람 앞에 서 있습니다/하늘을 봅니다"라는 시구에서, 우리는 어머니의 사랑의 대치물인 '골무'가 지금, 어디에 있는지 그 소재나 행방이 묘연해진 데 그 연유가 있음을 확인할 수 있다. 이는 다시 말해서 '골무'가 무용지물이 되게 변화한 시대·사회적인 변화와, 그 변화 속에 쉽게 적응하지 못하고 아노미 상태에 빠져있는 현대문명과 현대인을 의미한다.

정보화 시대로 일컬어지는 오늘날, 우리가 처한 이러한 현대문명의 反作用 혹은 不作用은 바로 앞서 살펴본 바와 같다. 권상기 시인은 특유의 예리한 정서적 감수성으로 지금의 이러한 상황을, 현대문명과 또 그 속에서 살아가고 있는 현대인이 처한 위기상황으로 파악하고 있다. 그렇지만 권상기 시인은 그의 시적 비전을 통해 그 위기상황에 대해서 단지 문제제기하는 것으로 끝내지 않고, 그에 대한 근본적인 대안을 제시하고 있다. 그것은 바로 이 시집의 대주제이기도 하고 또 지금까지 살펴온 '초록빛 그리움'의 회복을 통해서이다. 이런 맥락에서 「골무」에서의 어머니의 사랑은 자연히 '초록빛 그리움'에서의 온전한 절대적 그리움의 의미에 닿게 된다. 특히, 이 시에서 3연의 "당신의 손끝에서/영혼은/ 늘/영혼으로 번득였고/당신의 체온으로/육신은/육신으로 있을 줄 알았습니다"의 시행은, 지상적, 육친적인 어머니의 사랑이 영원불변한 생명에의 절대 '초록빛 그리움' 즉, 유토피아에로의 상승을 견인해주는 매개항이라고 볼 수 있다. 결론적으로 방향성을 상실한 오늘날 정보화 시대의 화려한 얼굴 뒤에 숨어있는 인간적, 문명적인 위기적 상황을 구원할 수 있는 메시아로서, 시인은 항상 생명의 원류인 '초록빛 그리움'에로의 꿈을 버리지 않고 또 그곳을 향해서 전력투구하고 있다.

지금까지 살펴본 바와 같이 권상기 시인의 『초록빛 그리움』 속의 시작품들은 기본적으로 전통서정성을 자연과 현실 속의 여러 가지 제재를 통해서 구체적이고 경험적인 이미지로 그려내고 있다. '그리움'을 비롯한 그러한 전통서정들은 언뜻 보아서 진부하고 퇴행적인 것처럼 느껴질 수도 있다. 그러나 권상기 시인은 시적 작업을 통해서 전통서정의 하나인 그리움을 좀 더 우주적이고 근원적인 생명의 원류로서의 '초록빛 그리움'으로 상승시키고 있다. 시인은 또 그것을 구체적인 실현을 위해서 자기희생적인 열정적인 사랑으로 인간과 현실 그리고 자연을 감싸안으며, 첨단기술의 정보화 시대의 생존경쟁의 전장에 내던져진 비인간적이고 반문명적인 현대인들의 정신적 위기를 극복하고자 한다. 이렇게 볼 때 그의 시편들은, 능히 문명의 이율배반적인 모순과 갈등을 극복하여 진정한 인간의 행복을 담보할 수 있는 메시아가 될 수도 있으리라고 생각한다.

초록빛 그리움

권상기 시집

발 행 일 | 2014년 1월 29일
지 은 이 | 권상기
발 행 인 | 李憲錫
발 행 처 | 오늘의문학사
출판등록 | 제55호(1993년 6월 23일)
주 소 | 대전광역시 동구 삼성1동 125-6 한밭오피스텔 401호
전화번호 | (042)624-2980
팩시밀리 | (042)628-2983
홈페이지 | http://www.lito77.co.kr(홈페이지)
전자우편 | hs2980@hanmail.net

공 급 처 | 한국출판협동조합
주문전화 | (070)7119-1741~2
팩시밀리 | (031)944-8234~6

ISBN 978-89-5669-590--7
값 10,000원